¡Conocimiento a tope!

Ingeniería en todas partes

Muchos tipos de ingenieros

Robin Johnson

Traducción de Pablo de la Vega

CRABTREE
PUBLISHING COMPANY
WWW.CRABTREEBOOKS.COM

T0011102

Objetivos específicos de aprendizaje:

Los lectores:

- Describirán diferentes tipos de ingenieros.
- Explicarán cómo los ingenieros usan las matemáticas, la ciencia y el pensamiento creativo para resolver problemas.
- Identificarán información que respalda la idea de que los ingenieros de cada campo resuelven problemas diferentes.

Palabras de uso frecuente (primer grado)	Vocabulario académico
cómo, de, esta(s), hacen, hacer, puede(n), son	campo, combustible, diseño, ingeniero, máquina, materiales, medio ambiente, tecnología

Estímulos antes, durante y después de la lectura:

Activa los conocimientos previos y haz predicciones:

Extiende una sábana o cobija en el suelo. Pide voluntarios suficientes para pararse sobre ella y llenar tres cuartas partes. Rétalos a darle la vuelta para pararse sobre el otro lado sin pararse fuera de la sábana o cobija para lograrlo. Pide a todos los niños que propongan soluciones.

Cuando hayan terminado, menciona que tomó algo de pensamiento creativo resolver el problema. Muéstrales el libro y lee su título en voz alta. Explica que los ingenieros son gente que usa el pensamiento creativo para resolver problemas. Pregúntales de qué piensan que tratará el libro.

Durante la lectura:

Después de leer las páginas 10 y 11, pide a los niños que repitan el tipo de trabajo que realizan los ingenieros descritos en esas páginas. Luego, pídeles que hagan una lista de particularidades que les ayuden a explicar esa idea.

Después de la lectura:

Pide a los niños que trabajen en grupos pequeños y que hagan una lista de todos los tipos de ingenieros que puedan recordar. Luego, haz una lista maestra en la pizarra, usando palabras como ingenieros espaciales, ingenieros del mar e ingenieros comunitarios. Pide a los niños que describan el tipo de trabajo que hace cada uno.

Author: Robin Johnson

Series development: Reagan Miller

Editors: Bonnie Dobkin, Janine Deschenes

Proofreader: Melissa Boyce

STEAM notes for educators: Bonnie Dobkin

Guided reading leveling: Publishing Solutions Group

Cover and interior design: Samara Parent

Photo research: Robin Johnson

Print coordinator: Katherine Berti

Translation to Spanish: Pablo de la Vega

Edition in Spanish: Base Tres

Photographs: Alamy: NG Images: p. 6; iStock: Opla: title page, p. 18; FatCamera: p. 5 (b); Zuraisham Salleh: p. 7 (b); SeventyFour: p. 11 (t); Zephyr18: p. 13 (t); energyy: p. 15 (t); Hispanolistic: p. 15 (b); monkeybusinessimages: p. 16; Tashi-Delek: p. 17 (t); andresr: p. 19 (t), p. 20; SerrNovik: p. 19 (b)
All other photographs by Shutterstock

Print coordinator: Katherine Berti

Printed in the U.S.A. / 102020 / CG20200914

Library and Archives Canada Cataloguing in Publication

Title: Muchos tipos de ingenieros / Robin Johnson ; traducción de Pablo de la Vega.
Other titles: Many kinds of engineers. Spanish
Names: Johnson, Robin (Robin R.), author. | Vega, Pablo de la, translator.
Description: Series statement: ¡Conocimiento a tope! Ingeniería en todas partes | Translation of: Many kinds of engineers. | Includes index. | Text in Spanish.
Identifiers: Canadiana (print) 20200297937 | Canadiana (ebook) 20200297945 | ISBN 9780778783428 (hardcover) | ISBN 9780778783633 (softcover) | ISBN 9781427126382 (HTML)
Subjects: LCSH: Engineering—Juvenile literature. | LCSH: Engineers—Juvenile literature. | LCSH: Engineering design—Juvenile literature.
Classification: LCC TA149 .J65518 2021 | DDC j620—dc23

Library of Congress Cataloging-in-Publication Data

Names: Johnson, Robin (Robin R.), author. | Vega, Pablo de la, translator.
Title: Muchos tipos de ingenieros / traducción de Pablo de la Vega ; Robin Johnson.
Other titles: Many kinds of engineers. Spanish
Description: New York, NY : Crabtree Publishing Company, [2021] | Series: ¡Conocimiento a tope! Ingeniería en todas partes | Translation of: Many kinds of engineers.
Identifiers: LCCN 2020033141 (print) | LCCN 2020033142 (ebook) | ISBN 9780778783428 (hardcover) | ISBN 9780778783633 (paperback) | ISBN 9781427126382 (ebook)
Subjects: LCSH: Engineering--Vocational guidance--Juvenile literature. | Engineers--Juvenile literature.
Classification: LCC TA149 .J64418 2021 (print) | LCC TA149 (ebook) | DDC 620--dc23

Índice

Crabtree Publishing Company
www.crabtreebooks.com   1-800-387-7650

Published in Canada
Crabtree Publishing
616 Welland Ave.
St. Catharines, Ontario
L2M 5V6

Published in the United States
Crabtree Publishing
347 Fifth Ave
Suite 1402-145
New York, NY 10016

Published in the United Kingdom
Crabtree Publishing
Maritime House
Basin Road North, Hove
BN41 1WR

Published in Australia
Crabtree Publishing
Unit 3 – 5 Currumbin Court
Capalaba
QLD 4157

Buscando respuestas

¿Alguna vez te has preguntado cómo es que llega agua limpia a casa? ¿Sabes cómo podemos viajar de un lugar a otro rápido y seguros? ¡Los ingenieros tienen la respuesta!

¿Cómo puede la **tecnología** dar un poco de ayuda extra a algunas personas? Los ingenieros encuentran la manera.

¿Cómo se mantiene un avión en el aire? ¡Pregúntale a un ingeniero!

¿Cómo podemos encontrar y compartir información? ¡Los ingenieros encuentran las **soluciones**!

¿Quiénes son los ingenieros?

Los ingenieros son personas que usan las matemáticas, la ciencia y el **pensamiento creativo** para solucionar problemas. Primero, se dan cuenta de lo que se necesita. Luego, **diseñan** y construyen cosas para cubrir esa necesidad.

Las máquinas y herramientas que hacen los ingenieros son llamadas tecnología.

Algunos ingenieros diseñan robots. Un robot es un tipo de tecnología. Lleva a cabo tareas que son difíciles para la gente.

Algunos ingenieros diseñan tecnología para resolver problemas de salud. Esta niña está usando una máquina que la ayuda a tomar su medicina.

Distintos trabajos

Hay muchos tipos de ingenieros. Trabajan en diferentes áreas, llamadas **campos**. Los ingenieros de los distintos campos resuelven distintos tipos de problemas.

Algunos ingenieros hacen tecnologías que ayudan a los campesinos con sus cultivos.

Algunos ingenieros diseñan botes y barcos para poder viajar en el agua. También **inspeccionan** los barcos para asegurarse de que no tienen problemas.

Los ingenieros también pueden trabajar para ayudar al medio ambiente. Esta ingeniera se asegura de que la gente pueda tener la madera que necesita sin hacer daño al bosque.

Mezclando materiales

Algunos ingenieros diseñan métodos para convertir **materias primas** en artículos útiles. Hacen comida, medicinas, ropa, papel y otras cosas que necesitamos. También diseñan métodos para hacer esos artículos rápido y de manera segura.

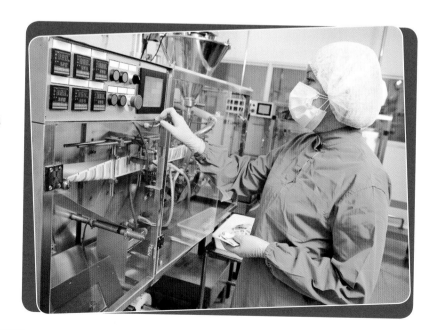

Algunos ingenieros en este campo hacen medicinas nuevas y mejores.

Los ingenieros trabajan con comida para hacerla más sana. Esta ingeniera está haciendo leche de soya.

Los ingenieros diseñan materiales como el papel o las telas. También diseñan materiales nuevos, como algunos plásticos que puedan ser reciclados fácilmente.

Máquinas poderosas

Los ingenieros de otro campo diseñan máquinas, herramientas y otros objetos. Estas tecnologías ayudan a la gente a hacer su trabajo. También hacen que nuestra vida sea más fácil y segura.

Esta ingeniera está diseñando una parte nueva para un auto.

Algunos ingenieros de este campo diseñan máquinas que se usan en edificios. Este ingeniero está revisando las fuertes cuerdas metálicas que permiten a un ascensor moverse.

Este ingeniero está inspeccionando una grúa. Una grúa es una máquina que levanta cargas pesadas.

Usando electricidad

Algunos tipos de tecnología necesitan electricidad. Los ingenieros de otro campo diseñan estas tecnologías. También diseñan cómo llevar la electricidad a casa y otros edificios.

La electricidad es un tipo de energía. La usamos para iluminar nuestras casas. También nos permite usar tecnologías como los computadores.

Este ingeniero trabaja en una central eléctrica. Se asegura de que la electricidad viaje a través de cables hacias las casas.

Un ingeniero de este campo podría diseñar un foco que use menos energía.

En la comunidad

Algunos ingenieros diseñan cosas que permiten a las comunidades trabajar mejor. Diseñan edificios, caminos y puentes. Diseñan métodos para llevar agua limpia a las casas y para sacar el agua sucia.

Los ingenieros de este campo diseñan puentes para que podamos cruzar por encima del agua.

Los ingenieros hacen planes cuidadosos para diseñar edificios fuertes y seguros. Los edificios dan a la gente lugares para vivir y trabajar.

Los ingenieros de este campo diseñan métodos para llevar agua limpia a la gente. Bebemos el agua. La usamos para lavar y cocinar.

Para el medio ambiente

Algunos ingenieros trabajan para proteger el medio ambiente. Buscan formas de controlar la **contaminación**. Diseñan tecnologías que cubren las necesidades de la gente sin lastimar al planeta.

Este ingeniero diseña métodos para limpiar el agua que sale de las fábricas.

Los ingenieros de este campo también encuentran maneras de reducir los desperdicios.

Estos estudiantes están aprendiendo cómo los ingenieros usan el viento para crear electricidad para nuestras casas.

Trabajando en equipo

Ingenieros de distintos campos trabajan en equipo para resolver problemas. Comparten lo que saben entre ellos. Juntos, los ingenieros encuentran muchas ideas y soluciones.

Muchos tipos de ingenieros son necesarios para construir un centro comercial. Su enorme edificio tiene que ser fuerte y seguro. Necesita electricidad, agua y calefacción. Hay escaleras eléctricas y elevadores que llevan a la gente de arriba abajo.

¿Qué piensas que están diseñando estas ingenieras? ¿Qué problema podrían solucionar?

Muchos tipos de ingenieros son necesarios para diseñar un auto. Los autos tienen motores y otras partes móviles. Tienen luces y aparatos que usan electricidad. Necesitan combustible para moverse. Están hechos de metal, caucho y muchos otros materiales.

Palabras nuevas

campos: sustantivo. Áreas o temas de trabajo o interés.

contaminación: sustantivo. Desechos que ensucian el medio ambiente.

diseñan: verbo. Hacen un plan para hacer o construir algo.

inspeccionan: verbo. Ven algo con detenimiento.

materias primas: sustantivo. Cosas con las que algo está hecho.

pensamiento creativo: sustantivo. Uso de la mente para inventar ideas nuevas y originales.

soluciones: sustantivo. Respuestas a un problema.

tecnología: sustantivo. Herramientas que hacen la vida más fácil, segura y divertida.

Un sustantivo es una persona, lugar o cosa.

Un verbo es una palabra que describe una acción que hace alguien o algo.

Un adjetivo es una palabra que te dice cómo es alguien o algo.

Índice analítico

Sobre la autora

Robin Johnson es una autora y editora independiente que ha escrito más de 80 libros para niños. Cuando no está trabajando, construye castillos en el aire junto a su marido, quien es ingeniero, y sus dos creaciones favoritas: sus hijos Jeremy y Drew.

Para explorar y aprender más, ingresa el código de abajo en el sitio de Crabtree Plus.

www.crabtreeplus.com/fullsteamahead

Tu código es:
fsa20

(página en inglés)

Notas de STEAM para educadores

¡Conocimiento a tope! es una serie de alfabetización que ayuda a los lectores a desarrollar su vocabulario, fluidez y comprensión al tiempo que aprenden ideas importantes sobre las materias de STEAM. *Muchos tipos de ingenieros* ayuda a los lectores a aprender sobre los distintos tipos de ingenieros e identificar particularidades que les ayuden a entender cada uno. La actividad STEAM de abajo ayuda a los lectores a expandir las ideas del libro para el desarrollo de habilidades de ingeniería y artísticas.

Retos de cartas

Los niños lograrán:
- Explicar el proceso de diseño de un ingeniero.
- Analizar un problema.
- Usar el pensamiento creativo para resolver el problema.

Materiales
- Hoja de trabajo del proceso de diseño de ingeniería.
- Folleto «Reto de cartas».
- Para cada grupo: al menos 30 fichas o cartas, tijeras de seguridad, cinta adhesiva, bandas elásticas, pegamento y una pequeña pieza de cartón o cartulina para usar como base.

Guía de estímulos
Después de leer *Muchos tipos de ingenieros*, pregunta a los niños:
- ¿Qué hace un ingeniero?
- Describan algunos tipos de ingenieros sobre los que leyeron. ¿Qué hace cada uno?
- ¿Cómo resuelven los problemas los ingenieros?

Actividades de estímulo
Pide a los niños que resuman el trabajo de un ingeniero. ¡Diles que hoy se convertirán en ingenieros y resolverán problemas de manera creativa!

Distribuye la hoja de trabajo del proceso de diseño de ingeniería. Explícales que esos son los pasos que siguen los ingenieros al resolver un problema. Lee los pasos y pide voluntarios para repetir cada uno en sus propias palabras.

Ahora, entrégales el folleto «Reto de cartas». Lee el reto en voz alta: «Su reto es hacer la estructura más alta y fuerte que puedan, usando sólo cartas y lo que necesiten para mantenerlas unidas».

Divide a los estudiantes en grupos de tres o cuatro, dando a cada uno un set de materiales. Hazlos que sigan los pasos del proceso de diseño de ingeniería, siguiendo sus ideas de acuerdo al folleto. Después de un tiempo determinado, ve qué estructura es la más alta. Luego pon a prueba cuál es la más fuerte colocando encima de cada una un objeto pesado.

Extensiones
Pide a cada grupo que presente su estructura a la clase. Pídeles que expliquen sus ideas, sus razones para escoger la solución que eligieron y cualquier mejora que pudieran hacer.

Para ver y descargar la hoja de trabajo, visita
www.crabtreebooks.com/resources/printables
o **www.crabtreeplus.com/fullsteamahead**
(páginas en inglés) e ingresa el código **fsa20**.